Anton Pavlovitch Tchekhov

Une noce

Table des matières

Personnages

JIGALOV EVDOKIME ZAKHAROVITCH, expéditionnaire-assesseur en retraite[1].

NASTASSIA TIMOFÉÏEVNA, sa femme.

DACHENKA (DARIA EVDOKIMOVNA), leur fille.

APLOMBOV ÉPAMINONDE MAKSIMOVITCH, son fiancé.

RÉVOUNOV-KARAOULOV FIODOR IAKOVLEVITCH, lieutenant de vaisseau en retraite.

NIOUNINE ANDREÏ ANDRÉÏEVITCH, agent d'une compagnie d'assurances.

ZMÉIOUKINA ANNA MARTYNOVNA, sage-femme ; trente ans ; robe ponceau vif.

IATE IVAN MIKHAÏLOVITCH, télégraphiste.

DYMBA KHARLAMPI SPIRIDONOVITCH, confiseur grec.

MOZGOVOÏ DMITRI STEPANOVITCH, matelot de la flotte volontaire.

GARÇONS D'HONNEUR, MESSIEURS, GARÇONS DE RESTAURANT, etc.

---

[1] Exactement *registrateur de collège*, le plus petit fonctionnaire de la Table des rangs (14e classe). (N. d. T.)

Une noce

L'action se passe dans une des salles du traiteur Andro-nov.

Salle brillamment éclairée. Grande table mise pour le sou-per. Autour de la table s'affairent des garçons en habit. Derrière la scène, la musique joue la dernière figure d'un quadrille.

MME ZMÉIOUKINA, IATE *et* UN GARÇON D'HONNEUR

Ce dernier traverse la scène.

MME ZMÉIOUKINA. – Non, non, non !

IATE, *la suivant.* – Pitié ! Pitié !

MME ZMÉIOUKINA. – Non, non, non !

LE GARÇON D'HONNEUR, *se hâtant derrière eux.* – Monsieur, madame, c'est impossible. Où allez-vous ? Et le *grand rond ? Le grand rond, s'il vous plaît*[2] ?

Il sort. Entrent Nastassia Timoféïevna et Aplombov.

NASTASSIA TIMOFÉÏEVNA. – Au lieu de me harceler avec tous vos discours, vous feriez mieux d'aller danser.

APLOMBOV. – Je ne suis pas une espèce de Spinoza[3] pour décrire des huit avec mes pieds. Je suis un homme posé et qui a

---

[2] En français dans le texte. (N. d. T.)

du caractère. Je ne trouve aucun plaisir aux distractions puériles. Mais il ne s'agit pas de danses... Excusez-moi, *maman*4, mais beaucoup de choses m'échappent dans vos façons de faire ! Vous aviez promis par exemple de me donner, avec votre fille, outre les objets de nécessité ménagère, deux valeurs à lots ; et où sont-elles ?

NASTASSIA TIMOFÉÏEVNA. – J'ai un peu mal à la tête... C'est sans doute le temps qui va changer... Il y aura du dégel !

APLOMBOV. – N'essayez pas de me donner le change. Aujourd'hui, j'ai appris que vous aviez mis vos valeurs en gage... Pardonnez-moi, maman, mais seuls les flibustiers en agissent ainsi. Je ne dis pas cela par disposition égoïste : je n'ai pas besoin de vos valeurs, mais c'est par principe ! Je ne laisserai personne me frustrer. Je fais le bonheur de votre fille, mais si vous ne me remettez pas les titres aujourd'hui même, je mangerai votre fille toute crue. Je suis un homme à sentiments généreux.

NASTASSIA TIMOFÉÏEVNA, *examinant la table et comptant les couverts.* – Un, deux, trois, quatre, cinq...

UN GARÇON. – Le chef de cuisine fait demander quelles glaces vous ordonnez de servir : au madère ou sans rien ?

APLOMBOV. – Au rhum. Et dis au patron qu'il n'y a pas assez de vin ! Dis-lui qu'il envoie encore du haut-sauternes. (*À Nastassia Timoféïevna.*) Vous avez également promis, et ce fut une de nos conditions, qu'il y aurait aujourd'hui au souper un général. Où est-il, le général ? Je vous le demande ?

---

3 Par confusion avec un célèbre Espinosa (1825-1903), danseur dans le genre « grotesque » au Bolchoï de Moscou (1869-1872).

4 En français dans le texte (belle-maman). (N. d. T.)

NASTASSIA TIMOFÉÏEVNA. – Ce n'est pas ma faute, mon petit.

APLOMBOV. – Et celle de qui donc ?

NASTASSIA TIMOFÉÏEVNA. – Celle d'Andreï Andréïevitch. Il est venu hier et a promis d'amener un véritable général. (*Soupirant.*) Il n'en a sans doute trouvé nulle part. Sans cela, il l'aurait amené… Aurions-nous regardé à cela ?… Pour notre enfant, nous ne regretterions rien. On veut un général, va pour un général !…

APLOMBOV. – Bien, passons… Nul n'ignore, et vous entre autres, qu'avant que je demande Dachenka en mariage le télégraphiste Iate la courtisait. Pourquoi donc l'avez-vous invité ? Ne saviez-vous pas que cela me serait désagréable ?

NASTASSIA TIMOFÉÏEVNA. – Ah !… quel est déjà ton nom ?… Épaminonde Maksimovitch, il n'y a pas encore un jour que tu es marié et tu nous as déjà fatiguées de tes discours, Dachenka et moi. Que sera-ce dans un an ? Tu es geignard ! Ah ! que tu es geignard !

APLOMBOV. – Aha ! vous n'aimez pas à entendre la vérité ? Oui ? Alors agissez noblement. Je ne vous demande qu'une chose, d'être loyale.

*D'une porte à l'autre passent à travers la salle les couples dansant le « grand rond ». Le premier couple est formé de Dachenka et du garçon d'honneur ; le dernier, de M*me *Zméioukina et de Iate. Ces deux personnages s'arrêtent et restent dans la salle. Jigalov et Dymba entrent et s'approchent de la table.*

LE GARÇON D'HONNEUR, *ordonnant.* – Promenade ! Messieurs, la promenade ! (*Puis derrière la scène.*) Promenade !

Les couples s'éloignent.

IATE, *à Mme Zméioukina.* – Prenez-moi en pitié ! Prenez-moi en pitié, ensorcelante Anna Martynovna !

MME ZMÉIOUKINA. – Ah ! quel homme vous êtes !... Je vous ai déjà dit que je n'étais pas en voix aujourd'hui...

IATE. – Je vous en supplie, chantez ! Rien qu'une note ! Prenez-moi en pitié ! Rien qu'une note !

MME ZMÉIOUKINA. – Vous m'ennuyez...

Elle s'assied et s'évente.

IATE. – Non, vous êtes vraiment impitoyable ! Une créature aussi cruelle, passez-moi l'expression, avec une si merveilleuse, une si merveilleuse voix ! Avec une pareille voix, permettez-moi de vous l'exprimer, il ne faut pas rester sage-femme, mais chanter dans les grands concerts. Par exemple, cette fioriture-là, comme vous la chantez divinement !... Tenez, cela...

Il fredonne.

Je vous aimais, l'amour en vain[5]...

C'est merveilleux !

MME ZMÉIOUKINA, *fredonnant.* –

Je vous aimais, l'amour peut-être encore...

Est-ce cela ?

IATE. – Cela même ! Merveilleux !

----

[5] Citation d'un célèbre poème de Pouchkine de 1829, qui a fourni les paroles de nombreuses romances (de A. Alabiev, P. Boulakhov, A. Varlamov, A. Gourilev, etc.).

MME ZMÉIOUKINA. – Non, je ne suis pas en voix au-jourd'hui... Tenez, éventez-moi donc... Quelle chaleur ! (*À Aplombov.*) Épaminonde Maksimovitch, pourquoi être mélan-colique ? Est-ce permis à un jeune marié ? Comment n'avez-vous pas honte, vilain ?... Voyons ; à quoi songez-vous ?

APLOMBOV. – Le mariage est un acte sérieux ! C'est une chose à examiner sous toutes les faces et en détail.

MME ZMÉIOUKINA. – Quels vilains sceptiques êtes-vous tous ! J'étouffe auprès de vous... Donnez-moi de l'atmosphère ! Vous entendez ?... Donnez-moi de l'atmosphère !

Elle fredonne.

IATE. – Merveilleux ! Merveilleux !

MME ZMÉIOUKINA. – Éventez-moi, éventez-moi ! Sans cela je sens que mon cœur va éclater. Pourquoi ai-je si chaud, dites-le-moi ?

IATE. – Parce que vous suez, madame...

MME ZMÉIOUKINA. – Fi ! que vous êtes vulgaire ! Je vous défends de parler ainsi !

IATE. – Pardon !... Évidemment vous êtes habituée, pas-sez-moi l'expression, à fréquenter l'aristocratie et...

MME ZMÉIOUKINA. – Ah ! laissez-moi en paix !... Don-nez-moi de la poésie, des transports !... Éventez, éventez !...

JIGALOV, *à Dymba*. – On redouble, hein ? (*Lui versant à boire.*) On peut boire à toute minute ; l'essentiel, Kharlampi Spiridonovitch, est de ne pas oublier son affaire... Bois, mais ouvre l'œil !... Quand c'est le moment de boire, pourquoi ne pas boire ? On le peut... À votre santé... (*Ils boivent.*) Y a-t-il des tigres chez vous, en Grèce ?

DYMBA, *accent grec*. – Il y en a.

JIGALOV. – Et des lions ?

DYMBA. – Il y a aussi des lions. C'est en Ruzzie qu'il n'y a rien. En Grèze, il y a de tout. Là-bas, z'ai mon père, mon oncle, et mes frères, et ici ze n'ai rien.

JIGALOV. – Hum... Et il y a des cachalots, en Grèce ?

DYMBA. – Il y a tout.

NASTASSIA TIMOFÉÏEVNA, *à son mari*. – Pourquoi boire et manger pour rien ? Il serait temps que tout le monde se mette à table. Ne touche pas les homards avec ta fourchette. C'est pour le général. Peut-être viendra-t-il encore...

JIGALOV. – Et il y a aussi des homards en Grèce ?

DYMBA. – Il y en a. Là-bas, il y a tout.

JIGALOV. – Hum... Et y a-t-il des expéditionnaires-assesseurs ?

MME ZMÉIOUKINA. – J'imagine quelle atmosphère il y a en Grèce !

JIGALOV. – Et il doit y avoir aussi beaucoup de tricherie. Les Grecs, parbleu, c'est comme les Arméniens et les Tsiganes. Un Grec vous vend une éponge ou un poisson rouge, et il essaie de vous chaparder tout ce qu'il peut... On redouble ?

NASTASSIA TIMOFÉÏEVNA. – Pourquoi redoubler pour rien ? Il serait temps que tout le monde se mette à table. Il est près de minuit...

JIGALOV. – Se mettre à table, on le peut. Messieurs et dames, à table ! Nous vous en prions instamment. (*Il crie.*) Jeunes gens, le souper !

NASTASSIA TIMOFÉÏEVNA. – Chers invités, nous vous prions instamment de prendre place.

MME ZMÉIOUKINA, *se mettant à table.* – Donnez-moi de la poésie.

Déclamant.

Et lui, le rebelle, il cherche la tempête

Comme si la tempête était le repos[6]...

Donnez-moi une tempête !

IATE, *à part.* – Une femme étonnante ! J'en suis amoureux ! Amoureux fou !

Entrent Dachenka, Mozgovoï, les garçons d'honneur, les jeunes gens, les demoiselles, etc. Tous se mettent bruyamment à table. Pause d'une minute. La musique joue quelques mesures.

MOZGOVOÏ, *se levant.* – Messieurs et mesdames, je dois vous déclarer ce qui suit... Nous avons préparé beaucoup de toasts et de discours ; aussi n'attendons pas davantage et commençons tout de suite. Messieurs et mesdames, je porte un toast aux jeunes mariés !

La musique joue quelques mesures. Hourras. On trinque.

MOZGOVOÏ. – C'est amer[7] !

TOUS. – C'est amer ! amer !

Dachenka et Aplombov s'embrassent.

IATE. – Une merveille ! Une merveille ! Je dois vous dire, messieurs, et avec pleine justice, que cette salle et tout ce local

---

[6] Vers de Lermontov. (N. d. T.)

[7] Exclamation consacrée dans les noces pour faire s'embrasser les jeunes mariés. (N. d. T.)

sont magnifiques ! Charmant, parfait ! Mais, pour que la fête soit complète, savez-vous ce qui manque ?... Il manque la lumière électrique, passez-moi l'expression ! Dans tous les pays du monde, il y a maintenant la lumière électrique ; seule la Russie est en retard.

JIGALOV, *pénétré.* – La lumière électrique... hum... à mon sens la lumière électrique, ce n'est qu'une tricherie... On vous colle un petit charbon et on croit vous éblouir. Non, l'ami, si tu nous donnes de la lumière, ne nous donne pas un charbon, mais quelque chose de plus substantiel : quelque chose d'extraordinaire, que l'on puisse saisir. Donne-moi du feu, tu comprends ? Du feu naturel, et pas du feu inventé.

IATE. – Si vous voyiez de quoi se compose une batterie électrique, vous ne raisonneriez pas ainsi.

JIGALOV. – Mais je ne veux pas le voir. C'est de la tricherie. On abuse le peuple... On lui tire ses derniers sucs... On les connaît, ces gens-là !... Et vous, monsieur le jeune homme, au lieu de défendre la tricherie, vous feriez mieux de boire et de verser à boire aux autres. Ma parole !

APLOMBOV. – Beau-père, je suis tout à fait de votre avis. Pourquoi entamer des conversations savantes ? Je n'en suis pas ennemi, et je cause volontiers moi-même de toute sorte d'inventions scientifiques ; mais chaque chose a son temps ! (À *Dachenka.*) Est-ce ton avis, chérie ?

DACHENKA. – Il veut montrer ce qu'il sait, et cause de choses incompréhensibles...

NASTASSIA TIMOFÉÏEVNA. – Nous avons, Dieu merci, passé notre vie sans instruction, et nous marions notre troisième fille à un brave homme ; et si, selon vous, nous ne sommes pas assez instruits, pourquoi venez-vous chez nous ? Allez trouver vos savants !

IATE. – Nastassia Timoféïevna, j'ai toujours tenu en estime votre famille et si j'ai parlé de lumière électrique, ce n'est pas par fierté que je l'ai fait. Je suis même prêt à boire à votre santé. J'ai toujours, de tout mon sentiment, souhaité un bon mari à Daria Evdokimovna[8]. De notre temps, Nastassia Timoféïevna, il était difficile d'épouser un brave homme. Aujourd'hui, chacun cherche à faire un mariage d'intérêt, pour la dot...

APLOMBOV. – Est-ce une allusion ?

IATE, *effrayé*. – Pas la moindre !... Je ne parle pas des personnes présentes... J'ai dit ça... en général... N'allez pas croire !... Tous savent que vous vous mariez par amour... La dot est insignifiante.

NASTASSIA TIMOFÉÏEVNA. – Insignifiante ! Pas du tout ! Parle, mon cher monsieur, mais ne divague pas ! Outre mille roubles en espèces, nous donnons trois rotondes, le lit et tout le mobilier ; va trouver ailleurs une pareille dot !

IATE. – Je ne dis pas le contraire... Le mobilier, effectivement, est beau... et les rotondes, certainement, aussi... Ce que j'ai dit, c'est parce qu'il s'est fâché de ce que j'avais fait soi-disant une allusion...

NASTASSIA TIMOFÉÏEVNA. – Vous n'avez qu'à ne pas en faire ! Nous vous estimons à cause de vos parents et vous avons invité à la noce ; et vous allez dire des choses étranges !... Si vous saviez qu'Épaminonde Maksimovitch faisait un mariage d'intérêt, pourquoi ne l'avez-vous pas dit plus tôt ? (*Les larmes aux yeux.*) Moi qui ai nourri, abreuvé, élevé ma fille... qui l'ai gardée mieux qu'un diamant d'émeraude...

----

8 Forme cérémonieuse et polie de Dachenka. Dachenka est un diminutif familier. (N. d. T.)

APLOMBOV. – Et vous allez le croire !... Je vous en fais mon sincère remerciement ! Je vous en suis fort obligé !... (À Iate.) Et vous, monsieur Iate, bien que vous soyez de mes connaissances, je ne vous permettrai pas de vous conduire ainsi dans une maison où vous êtes invité ! Prenez la peine de partir !

IATE. – Que voulez-vous dire ?

APLOMBOV. – Je souhaite que vous soyez un aussi honnête homme que moi ! Bref, prenez la peine de partir !

La musique joue quelques mesures.

LES JEUNES GENS, *à Aplombov.* – Mais laisse-le donc ! Assez, voyons ! Cela en vaut-il la peine ? Assieds-toi ! Laisse ça !

IATE. – Je ne dis rien... je... je ne comprends même pas... Soit ! Je pars !... Seulement, rendez-moi d'abord les cinq roubles que vous m'avez empruntés l'an dernier pour un gilet de piqué, passez-moi l'expression... Je bois encore ce verre, et... je pars... Seulement, rendez-moi d'abord ce que vous me devez.

LES JEUNES GENS. – Allons, assez, assez ! En voilà assez !... Vaut-il la peine de se fâcher pour des bêtises ?

LES GARÇONS D'HONNEUR, *d'une voix forte.* – À la santé des parents de la mariée, Evdokime Zakharovitch et Nastassia Timoféïevna !

La musique joue quelques mesures. Hourras.

JIGALOV, *touché, saluant de tous côtés.* – Je vous remercie, chers invités ! Je vous suis très reconnaissant de ne nous avoir pas oubliés, d'être venus, de ne nous avoir pas dédaignés... Et ne pensez pas que je sois un vieux malin ou qu'il y ait de la tricherie de ma part ; je vous dis cela uniquement par sentiments, par simplicité de cœur ! Pour les braves gens, je ne regrette rien ! Humbles remerciements !

On s'embrasse.

DACHENKA, *à sa mère.* – Maman, pourquoi pleurez-vous ? Je suis si heureuse !

APLOMBOV. – *Maman* est émotionnée par la séparation prochaine. Je lui conseille plutôt de se rappeler notre conversation d'il y a quelques instants.

IATE. – Ne pleurez pas, Nastassia Timoféïevna. Songez à ce que sont les larmes humaines ! C'est de la neurasthénie pusillanime ; rien de plus !

JIGALOV. – Et y a-t-il des oronges en Grèce ?

DYMBA. – Il y en a. Il y a tout.

JIGALOV. – Et des mousserons, je suis sûr qu'il n'y en a pas ? Hein ?

DYMBA. – Il y a des mouzzerons. Il y a tout.

MOZGOVOÏ. – Kharlampi Spiridonovitch, c'est à votre tour de faire un speech ! Messieurs, qu'il fasse un speech !

TOUS, *à Dymba.* – Un speech ! Un speech ! C'est à votre tour !

DYMBA. – Pourquoi ?... Ze ne comprends pas, ce que... Qu'est-ce que z'est ?

MME ZMÉIOUKINA. – Non, non, n'essayez pas de vous dérober ! C'est à votre tour ! Levez-vous !

DYMBA, *il se lève, décontenancé.* – Ze peux dire cela... Laquelle Ruzzie et laquelle Grèzze ! Maintenant lesquels gens en Ruzzie et lesquels gens en Grèzze !... Et lesquels vont sur mer, en *carâvia*... en ruzze, ça veut dire bateau... et lesquels vont sur terre, en beaucoup de sémins de fer... Ze comprends bien... Nous sommes grecs, vous ruzzes, et ze n'ai besoin de rien... Ze peux dire ceci : laquelle est la Ruzzie et laquelle est la Grèzze !

Entre Niounine.

NIOUNINE. – Attendez, messieurs et dames, ne mangez pas ! Attendez !... Nastassia Timoféïevna, deux mots. (*Il la mène à l'écart, haletant.*) Écoutez... Le général va venir à l'instant. Je l'ai enfin trouvé... Je suis complètement fourbu... C'est un vrai général, sérieux, vieux, qui a peut-être quatre-vingts ans, ou même quatre-vingt-dix ans...

NASTASSIA TIMOFÉÏEVNA. – Quand donc viendra-t-il ?

NIOUNINE. – À la minute. Vous m'en serez reconnaissante toute votre vie ! Ce n'est pas un général, c'est du nanan ; un général Boulanger, quoi ! Pas un général d'une vague infanterie, mais un général de la flotte. Il a le grade de capitaine de vaisseau, mais, dans la marine, cela équivaut à général de brigade, ou, dans le civil, à conseiller d'État actuel. Absolument pareil ; même plus élevé.

NASTASSIA TIMOFÉÏEVNA. – Tu ne me trompes pas, mon petit Andriouchenka[9] ?

NIOUNINE. – Allons donc ! Suis-je un filou ? Soyez tranquille.

NASTASSIA TIMOFÉÏEVNA, *soupirant.* – Nous ne voudrions pas dépenser de l'argent pour rien, Andriouchenka !...

NIOUNINE. – Soyez tranquille. Ce n'est pas un général, mais un véritable tableau ! (*Élevant la voix.*) Je lui ai dit : « Vous m'avez complètement oublié, Excellence ! Ce n'est pas bien, Excellence, d'oublier ses vieilles connaissances ! Nastassia Timoféïevna, lui dis-je, est très fâchée contre vous. » (*Il va s'asseoir à table.*) Et lui me répond : « Permettez, mon ami ; comment irais-je à cette noce quand je ne connais pas le marié ?

---

[9] Diminutif de forme populaire (mon petit André). (N. d. T.)

– Laissez cela, Excellence, lui dis-je. Quelles cérémonies faites-vous ? Le marié, lui dis-je, est un homme remarquable, le cœur sur la main. Il est priseur au mont-de-piété, mais ne croyez pas, Excellence, que ce soit un rustre ou un chevalier d'industrie ! Dans les monts-de-piété, il y a maintenant, lui dis-je, des dames nobles qui travaillent. » Il m'a frappé sur l'épaule ; nous avons fumé ensemble chacun un havane, et le voilà qui va venir... Attendez, messieurs et dames ; ne commencez pas à manger...

APLOMBOV. – Et quand viendra-t-il ?

NIOUNINE. – À l'instant même. Quand je sortais de chez lui, il prenait ses caoutchoucs. Attendez, messieurs et dames, ne mangez pas.

APLOMBOV. – Alors il faut faire jouer une marche...

NIOUNINE. – Eh ! les musiciens ? une marche !

La musique joue une marche.

UN GARÇON, *annonçant.* – Monsieur Révounov-Karaoulov.

Jigalov, Nastassia Timoféïevna et Niounine s'empressent à sa rencontre. Révounov-Karaoulov entre.

NASTASSIA TIMOFÉÏEVNA, *saluant.* – Soyez le bienvenu, Excellence ! Il nous est très agréable de...

RÉVOUNOV. – Très heureux !

JIGALOV. – Nous sommes, Excellence, des gens de petite condition, humbles, des gens simples, mais ne pensez pas que de notre part il y ait la moindre tricherie. Nous mettons au premier rang les gens bien et ne regrettons rien. Soyez le bienvenu !

RÉVOUNOV. – Très heureux.

NIOUNINE. – Permettez-moi, Excellence, de vous présenter le nouveau marié, Épaminonde Maksimovitch Aplombov, avec sa nouvelle... je veux dire avec sa femme, nouvellement mariée... Puis Ivan Mikhaïlovitch Iate, employé au télégraphe. Puis un étranger, grec de nation et, de son métier, confiseur, Kharlampi Spiridonovitch Dymba... Ensuite Ossip Loukitch Babelmandebski... *Et cætera.* Tous les autres, ce n'est que du fretin. Prenez la peine de vous asseoir, Excellence !

RÉVOUNOV. – Très !... Pardon, messieurs et mesdames, j'ai deux mots à dire à Andriouchenka. (*il s'écarte avec Niounine.*) Je suis, mon ami, un peu confus... Pourquoi m'appelles-tu Excellence ? Je ne suis pas général. Capitaine de vaisseau, c'est même moins que colonel.

NIOUNINE, *il lui parle à l'oreille comme à un sourd.* – Je le sais, mais, Fiodor Iakovlevitch, ayez la bonté de me laisser vous appeler Excellence ! La famille de la mariée est patriarcale. Elle estime les supérieurs et aime qu'on tienne compte des rangs...

RÉVOUNOV. – Ah ! s'il en est ainsi, alors évidemment... (*Il vient à table.*) Très touché !

NASTASSIA TIMOFÉÏEVNA. – Asseyez-vous, Excellence ! Ayez la bonté de prendre quelque chose, Excellence. Seulement veuillez nous excuser, vous êtes, chez vous, habitué à ce qui est délicat, tandis que, chez nous, c'est simple.

RÉVOUNOV, *qui a mal entendu.* – Quoi, madame ? Hum ?... Oui, madame. (*Un silence.*) Oui, madame... Autrefois, les gens vivaient toujours simplement et étaient satisfaits. Bien que je sois officier supérieur, je vis simplement... Aujourd'hui Andrioucha vient chez nous et m'invite à votre noce. « Comment, dis-je, y aller quand je ne les connais pas ? C'est gênant ! » Et il répond : « Ce sont des gens simples, de vie patriarcale. Ils accueillent avec plaisir toute personne... » Alors, évidemment, s'il en est ainsi... pourquoi pas ?... Très heureux. Je m'ennuie seul chez moi, et si ma présence à cette noce peut faire plaisir à quelqu'un, alors, dis-je, soit !

JIGALOV. – Alors, vous venez de bon cœur, Excellence ? Cela me touche ! Je suis un homme simple, sans aucune triche-rie, et j'estime les gens qui sont de même. Daignez prendre quelque chose, Excellence !

APLOMBOV. – Vous êtes retraité depuis longtemps, Excel-lence ?

RÉVOUNOV. – Hein ? Oui, oui... c'est cela... C'est vrai. Oui, monsieur... Mais pardon, qu'est-ce que c'est que ça ? Le ha-reng est amer... le pain aussi est amer... Impossible de manger !

TOUS. – C'est amer ! amer !

Aplombov et Dachenka s'embrassent.

RÉVOUNOV, *riant.* – Hé ! hé ! hé !... À votre santé. (*Un si-lence.*) Oui, monsieur... autrefois, tout était simple et tous étaient satisfaits... J'aime la simplicité... Je suis vieux, par ma foi ! j'ai pris ma retraite en 1865... J'ai soixante-douze ans... Oui... Sans doute, autrefois les choses n'allaient pas sans que l'on aimât, à l'occasion, à faire de l'apparat ; mais... (*Apercevant Mozgovoï.*) Vous êtes... matelot, il me semble ?

MOZGOVOÏ. – Oui, commandant.

RÉVOUNOV. – Aha !... oui... oui... Le métier de marin a toujours été dur. Il y a de quoi s'y casser la tête et se perdre. Le moindre mot, semble-t-il sans importance, y a son sens particu-lier. Ainsi, gabiers aux écoutes de misaine et de grand-voile, qu'est-ce que ça veut dire ? Eh bien, le matelot comprend ! Hé ! Hé !... C'est aussi sorcier que les mathématiques !

NIOUNINE. – À la santé de son Excellence Fiodor Iakovle-vitch Révounov-Karaoulov !

La musique joue quelques mesures. Hourras.

IATE. – Vous avez daigné exposer à l'instant, Excellence, les difficultés du métier de marin. Mais celui de télégraphiste est-il plus aisé ? Maintenant, Excellence, nul ne peut entrer dans les télégraphes s'il ne sait lire et écrire le français et l'allemand. Mais le plus difficile, c'est la transmission des télé-grammes. C'est horriblement difficile. Daignez écouter.

Il frappe sur la table avec une fourchette, imitant les intermit-tences télégraphiques.

RÉVOUNOV. – Qu'est-ce que cela veut dire ?

IATE. – Cela veut dire : « J'estime votre Excellence pour ses vertus. » Croyez-vous que cela soit facile ?... Et, tenez, en-core cela.

Il frappe.

RÉVOUNOV. – Un peu plus fort... je n'entends pas...

IATE. – Cela veut dire : madame, comme je suis heureux de vous tenir dans mes bras.

RÉVOUNOV. – De quelle dame parlez-vous ?... Oui... (À *Mozgovoï*.) Tenez, et si, par vent arrière, on veut... on veut mettre le perroquet et le cacatois !... Alors, vous commandez : *Les gabiers aux manœuvres du grand perroquet et du grand cacatois !* Et lorsque des vergues on laisse aller les voiles, il faut embraquer les écoutes, les drisses et les bras de perroquet et de cacatois...

LE GARÇON D'HONNEUR. – Messieurs et mesdames...

RÉVOUNOV, *l'interrompant*. – Oui, mon bon... Et ce qu'il y en a de ces commandements... Oui !... *Embraquez les écoutes de perroquet et de cacatois ! Larguez les drisses !* Bon ! Qu'est-ce que cela signifie et de quoi s'agit-il ? C'est très simple ! Il faut, savez-vous, raidir les écoutes de perroquet et de cacatois, et laisser aller les drisses... toutes à la fois ! C'est ainsi que l'on règle les écoutes et les drisses de perroquet et de cacatois. En même temps, on choque, à la demande, les bras des vergues, et quand les écoutes sont raides et que toutes les manœuvres sont en place, on embraque les bras de perroquet et de cacatois, et les vergues s'orientent dans le vent...

NIOUNINE, *à Révounov.* – Fiodor Iakovlevitch, la maîtresse de maison vous prie de parler d'autre chose ; les invités ne comprennent pas et c'est ennuyeux...

RÉVOUNOV. – Quoi ? Qui est-ce qui s'ennuie ?... (À *Mozgovoï*) Jeune homme, et si le bateau fait du plus près, tribord amures, toutes voiles dehors, et qu'il faille virer pour faire du vent arrière, que faut-il commander ? Voici ce qu'il faut commander : *Faites siffler : tout le monde sur le pont. Pare à virer lof pour lof !*... Hé ! Hé !...

NIOUNINE. – Fiodor Iakovlevitch, assez ! Daignez manger.

RÉVOUNOV. – Quand tout le monde est monté sur le pont, on commande : *À vos postes ! Pare à virer !* Ah ! alors quelle vie ! On commande et on regarde les matelots courir comme l'éclair à leurs postes. Ils brassent les perroquets et tirent sur les bras... On ne peut se tenir de crier : bravo, les gars !

Il s'enroue et tousse.

LE GARÇON D'HONNEUR, *se hâtant de profiter du silence.* – En ce jour pour ainsi dire d'aujourd'hui, où nous sommes tous rassemblés pour fêter notre aimé...

RÉVOUNOV, *interrompant.* – Oui, monsieur ! Et c'est qu'il faut se rappeler tout cela ! Par exemple : *Pare à larguer l'écoute de misaine ! Pare à larguer l'écoute de grand-voile !*

LE GARÇON D'HONNEUR, *offensé.* – Pourquoi m'interrompt-il ? Comme ça on ne portera pas un seul toast !

NASTASSIA TIMOFÉÏEVNA. – Nous sommes des gens sans instruction, Excellence ; nous ne comprenons pas ce que vous dites. Racontez-nous plutôt quelque chose qui soit...

RÉVOUNOV, *qui n'a pas bien entendu.* – J'ai déjà mangé, je vous remercie... Vous dites de l'oie ? Merci... Oui, il est agréable de se rappeler le passé... Oui, c'est agréable, jeune homme ! On navigue sans souci et... (*La voix tremblante.*) Et rappelez-vous cet enchantement quand on vire vent devant ! Quel marin ne s'enflammerait au souvenir de cette manœuvre ! Dès qu'a été lancé le commandement : *faites siffler : tout le monde sur le pont. Pare à virer !* c'est comme si une étincelle électrique touchait chacun. Du commandant au dernier gabier, tout le monde tressaille...

MME ZMÉIOUKINA. – C'est ennuyeux ! Ennuyeux !

Murmure général.

RÉVOUNOV, *qui n'a pas entendu.* – Merci, j'ai mangé. (*S'excitant.*) Tout est paré et les yeux sont braqués sur le commandant... Il commande : *Raidissez la misaine et la grand-voile. À bâbord, brassez le perroquet de fougue. À tribord, contre-brassez !* Tout s'exécute à la minute... *À bâbord, larguez l'écoute de misaine et de grand mât. À tribord, pare à virer le gouvernail.* (*Il se lève.*) Le navire vient dans le lit du vent et enfin les voiles commencent à fasier. Le commandant crie : *Aux bras, attention ! aux bras, attention !* Et il a les yeux attachés sur le grand hunier. Et quand cette voile fasie à son tour, c'est-à-dire quand il est temps de virer, on entend retentir un commandement de tonnerre : *Larguez le grand hunier, larguez les bras !...* Alors, tout vole, tout craque, c'est une confusion générale. Tout s'exécute sans accroc. Le virement de bord a réussi.

NASTASSIA TIMOFÉÏEVNA, *fâchée.* – Vous êtes général et vous faites du scandale... Vous devriez en avoir honte, à votre âge !

RÉVOUNOV. – Du potage ?... Non, je n'en prends pas... Je vous remercie.

NASTASSIA TIMOFÉÏEVNA, *élevant la voix.* – Je dis : vous devriez avoir honte à votre âge !... Un général qui fait de l'esclandre !

NIOUNINE, *confus.* – Messieurs, voyons... est-ce que ça vaut la peine ? Vraiment...

RÉVOUNOV. – D'abord, je ne suis pas général, mais capitaine de vaisseau, ce qui, d'après le tableau des rangs, équivaut à lieutenant-colonel.

NASTASSIA TIMOFÉÏEVNA. – Si vous n'êtes pas général, pourquoi avez-vous pris l'argent ? Nous ne vous avons pas payé pour faire de l'esclandre !

RÉVOUNOV, *abasourdi.* – Quel argent ?

NASTASSIA TIMOFÉÏEVNA. – On le sait, quel argent ! Andreï Andréïevitch vous a sans doute remis vingt-cinq roubles ?... (À *Niounine.*) Et pour toi, Andriouchenka, c'est une honte ! Je ne t'ai pas demandé de louer un homme pareil !

NIOUNINE. – Allons, bon !... Laissez ça ! Est-ce que ça vaut la peine ?

RÉVOUNOV. – Qui est-ce qu'on a loué, payé ?... Qu'est-ce que c'est que ça ?

APLOMBOV. – Tout de même, permettez !... Vous avez bien reçu vingt-cinq roubles d'Andreï Andréïevitch ?

RÉVOUNOV. – Quels vingt-cinq roubles ? (*Comprenant.*) Ah ! c'est donc ça !... Je comprends tout maintenant... Quelle horreur !... Quelle horreur !

APLOMBOV. – Voyons, avez-vous reçu l'argent ?

RÉVOUNOV. – Mais pas du tout ! Laissez-moi en paix ! (*Il se lève de table.*) Quelle horreur ! Quelle bassesse ! Outrager ainsi un homme âgé, un marin, un officier qui a fait plus de vingt-cinq ans de service !... Si seulement c'était une société convenable, je pourrais provoquer quelqu'un en duel, mais ici, que faire ? (*Éperdu.*) Où est la porte ? De quel côté aller ? Garçon, fais-moi sortir. Garçon ! (*Il s'en va.*) Quelle bassesse ! Quelle horreur !

Il sort.

NASTASSIA TIMOFÉÏEVNA. – Andriouchenka, où sont les vingt-cinq roubles ?

NIOUNINE. – Vaut-il la peine de parler de pareilles bêtises ?... La belle affaire !... Ici, tout le monde est à la joie et vous allez chercher on ne sait quelle misère !... (*Il crie.*) À la santé des mariés ! Musique, une marche ! (*La musique entame une marche.*) À la santé des mariés !

MME ZMÉIOUKINA. – J'étouffe. Donnez-moi de l'atmosphère !... J'étouffe à côté de vous !

IATE, *enthousiasmé.* – Merveilleuse ! Merveilleuse !

Bruit.

LE GARÇON D'HONNEUR, *essayant de dominer le bruit.* – Messieurs et mesdames, en ce jour, en quelque sorte d'aujourd'hui...

RIDEAU